Nur Mut, kleine Küken!

Valeri Gorbatschow

Findling Buchverlag Lüneburg

An einem schönen Sonnentag brachte Mama Huhn
ihre beiden kleinen Küken zum allerersten Mal
auf den Spielplatz.

Die kleinen Küken hatten ein wenig Angst.
Auf dem Spielplatz war sooo viel los!

Zwei Hunde wippten auf der Wippe.

»He, ihr Küken«, riefen die Hunde.
»Wollt ihr mitwippen?«
»Nein!«, antworteten die Küken.
»Dafür sind wir noch zu klein.«

Ein paar Schweine wirbelten auf dem Karussell herum. »He, ihr Küken«, riefen sie. »Wollt ihr auch mal fahren?«

»Oh, nein!«, antworteten die Küken. »Dafür sind wir noch zu klein. Uns wird bestimmt schwindelig.«

»He, ihr Küken«, riefen zwei große Katzen.
»Wollt ihr auch mal schaukeln?«

»Danke, aber dafür sind wir noch zu klein«,
antworteten die Küken. »Wir könnten runterfallen!«

Und dann sahen die kleinen Küken die große Rutsche. Ein paar Frösche und Mäuse kletterten die Leiter hoch – ganz nach oben! – und rutschten dann *huiiih!* wieder hinunter.

»He, ihr Küken«, sagte eine Maus.
»Jetzt seid ihr dran.«
»Das ist viel zu gefährlich!«,
antworteten die Küken.
»Dafür sind wir noch zu klein.«

»Wir sind auch klein!«, riefen die Frösche und Mäuse und lachten. »Aber deswegen haben wir noch lange keine Angst. Los, versucht es mal!«
»Na ja«, sagten die kleinen Küken, »vielleicht sollten wir mal...«
Und langsam, Stufe für Stufe, kletterten sie die Leiter hinauf.

Als die kleinen Küken oben angekommen waren und nach unten sahen, erstarrten sie vor Schreck. »Los, sei kein Frosch!«, rief ein Frosch dem ersten Küken zu. »Rutsch runter!«
»Wir können nicht«, riefen die Küken.
»Wir haben Angst!«

»Ganz ruhig bleiben«, sagte der Biber.
»Jeder hat beim ersten Mal Rutschen Angst.
Aber ich hab eine Idee.«

»Wir rutschen zusammen«, sagte der Biber.
»Klettert einfach auf meinen Schwanz
und haltet euch fest.«

Die kleinen Küken hielten sich fest
und kniffen die Augen zu.
»*Huiiih!*«, rief der Biber und rutschte los.

»*Huiiih! Huiiih!*«, riefen die kleinen Küken, als sie unten angekommen waren. »Wir haben es geschafft!« Mama Huhn kam angelaufen. »Was ist denn los?«, fragte sie. »Alles in Ordnung, meine kleinen Küken?«

»Alles bestens«, sagten die kleinen Küken.
»Wir sind die Rutsche runtergerutscht und hatten überhaupt keine Angst!«
»Ich hab sie einfach mitgenommen. Wir sind zusammen gerutscht«, erklärte der Biber stolz.

»Das war wirklich lieb von dir«,
sagte Mama Huhn.

In diesem Moment hörte sie ihre kleinen Küken.
»Sieh mal, Mama!«, riefen sie.
»Jetzt rutschen wir ganz allein!«

Und *huiiih! huiiih!* sausten sie nach unten.

»Hurra! Bravo!«, schrien alle Tiere.
»Ein Hoch auf die mutigen Küken!«

FINDLING
BUCHVERLAG LÜNEBURG

Nach den Regeln der neuen deutschen Rechtschreibung
Lizenzausgabe für Findling Buchverlag Lüneburg GmbH, D-21339 Lüneburg
ISBN 3-935541-69-4

Lithografie: Photolitho AG, Gossau
Gesetzt in der Cooper, 16 Punkt
Druck: Proost N.V., Turnhout